AF382206

13 jours à penser

Eta

13 jours à penser

Édition : BoD – Books on Demand, info@bod.fr
Impression : BoD – Books on Demand, In de Tarpen 42,
Norderstedt (Allemagne)
Impression à la demande
ISBN : 978-2-3225-4167-6
Dépôt légal : Juillet 2024

Achevé d'imprimé en 2024

14 juillet

Du commencement dans la foule - Comment devrais-je commencer ? En posant des mots sur toutes ces pensées qui affluent ? Perdu au milieu de cette foule, j'ai un profond mépris pour ce que ces gens sont, mais tellement d'admiration face à ce que l'humain est. L'expression de ces visages est si fragile, leurs attentes si complexes et si communes à la fois. Un seul regard pourrait troubler plusieurs de ces pages. Comment interpréter l'histoire de tous ces physiques lorsque les issues forcent mon pessimisme ? Le corps se dégrade, l'esprit se développe et pourtant, les deux doivent faire union. Qu'en est-il de celui qui se suffit à lui-même ? De celui qui se suffit pour ce qu'il est ? Qu'en sera-t-il dans un an ou même dans une heure ? Je crois qu'on souffre trop des oscillations incessantes que notre condition impose. Mais on se doit de les épouser. Je possède tellement de rancune face à cette bonne humeur fédératrice, d'une hypocrisie grandissante, où un seul mot de trop ou un geste trop intense vient balayer les projections de chacun. L'être humain souhaite se noyer dans le regard des autres, tout en méprisant celui chez qui il tente de nager. Il détruit ce qu'il convoite et réduit à néant tout ce à quoi il aspire. Comment parler de ceux dont l'attention est comblée uniquement par la suffisance de leurs discours ? Comment se sentir compris quand les seules paroles que l'on a pour l'autre, présagent une réponse qui nous revient ? On devient fou à croire qu'on ne l'est pas. Ou pire, on est déjà fou lorsque l'on n'a jamais supposé l'être. Nos démons agissent comme des miroirs. Ils nous surprennent trop peu. Tout comme notre propre visage, dont on connait chacune des rides, mais que l'on regarde toujours trop grossièrement. L'ivresse nous permet de caresser cette acuité visuelle. Elle nous permet de retrouver une certaine candeur, une naïveté d'esprit salutaire pour s'approcher de l'équilibre. Les choses ne sont jamais plus claires que lorsqu'elles sont éclairées par nos pulsions d'être innocent.

Le poids des souffrances - On croise des histoires tous les jours. Une infinité d'émotions qui glissent en une fraction de seconde et que l'on doit négliger pour espérer pouvoir continuer. Comment prendre la souffrance des autres ? Est-ce que celle-ci se quantifie ? La somme de tous les maux connait-elle une limite ? Je crois que l'on se donne beaucoup aux autres, même si seulement une infime partie de ce poids délivré peut être prise. De plus, chacun ne peut prendre que le poids de ses proches, si ceux-ci se comptent sur quelques doigts. Le reste ne nous appartient pas. Leur vie ne nous appartient plus.

De l'unité - C'est troublant de se sentir différent des autres, tout en sachant que c'est l'un des sentiments les plus communs. Mais qu'en est-il de Nietzsche,

Dostoïevski ? Se sentaient-ils profondément uniques, bien au-delà d'une descente égocentrique et d'une passade existentielle ? Savaient-ils qu'ils allaient transformer ma vie et celle de tous leurs lecteurs amoureux ? Comment les autres se suffisent d'une soirée ? D'un moment passé à statuer sur leur sort et à saturer le temps, de paroles qui méprisent le silence. Si seulement ils savaient. Tout est misérable dans notre condition et pourtant, ils s'en sortent bien mieux que moi. Je n'ai aucune tendresse pour les visages qui se retournent, aucune envie de partager mon soir à leur euphorie. On grandit si bien quand on se sent mourir. Aussi ironique que cela puisse être, l'aspiration pour la mort à travers l'angoisse est le vecteur de vie le plus puissant que je connaisse. Dans cette naïve dualité, rien ne touche plus à cette volonté vitale que de se sentir mourir au quotidien. Je meurs de tout, souvent. Je ne vis de rien, parfois. Et dans tout ce chaos, je suis là, je continue de traverser ce vide, si dense soit-il.

Des gens heureux - Ils parlent fort les gens heureux. Comme si leur bonheur se quantifiait par le son. Et pourtant, leur absolu leur fait défaut, tout comme le mien.

Du contentement de soi-même - L'esprit se contente de ce qu'il est lorsque tout le dépasse. Qu'est-ce que je fais parmi tous ces gens ? Suis-je si indépendant face à cette foule ? Est-ce que je me nourris de la condition de tous ces êtres ou est-ce que c'est la leur qui me traverse ? Pourquoi leurs regards m'affectent tant, puisque j'espère qu'ils me jugent comme je le fais maintenant. Ils ne connaissent rien de moi, de mes aspirations, des personnes que j'aime et des projets que j'envisage. Pourtant, je soupçonne sonder ce à quoi eux aspirent : une vie sous tutelle, rassurée par la présence si vide des autres. Mais personne ne peut se suffire à lui-même. Pas le temps d'une angoisse en tout cas. Alors on survit face à tout ça, dans l'illusion. Et l'illusion est facile quand on a l'écriture et un peu d'ivresse.

Des éléments - Le froid nous rappelle à la maison. Il devient un messager subtil lorsque le marteau façonne des instants insensés. Le vent le complète mais fait face à une volonté résistante. Qu'est que je deviens si je cède ? J'aurai échoué, une fois de plus, à prolonger cette soirée au-delà de mes capacités.

15 juillet

Du rêve - J'ai cru la croiser aujourd'hui. Est-ce que je cherche chez les autres ce qui lui ressemble ? Ou est-ce que ce qui me plaît était uniquement incarné par elle ? L'attirance donne des clés, quelques éléments sur lesquels construire son désir, mais cette part est si faible. Son corps n'est que le support de mon amour pour elle, il vient matérialiser ce que mon esprit veut consommer. Car comment consommer nos échanges, notre écoute et nos silences ? Il est souvent trop compliqué de se réaliser sans finalité et je crois que le corps est là pour porter cette finalité. Des milliers d'années d'évolution qui voudraient me répondre que mon espèce se perpétue grâce à cela. Mais le temps d'une seule nuit l'espèce ne risque rien, et pourtant j'ai cette envie qui me transcende et qui me pousse à lier mon corps au sien. Une envie seulement portée par qui elle est. Et je prends conscience que je ne pourrai plus jamais l'aborder de nouveau. Je ne pourrai plus jamais connaître l'ivresse et l'anxiété d'un premier soir passé avec elle. Les premières fois sont si légères et la nostalgie leur donne le goût du rêve. Vivre un rêve, c'est vertigineux, et ça ne m'est arrivé qu'en amour. C'est lorsque les projections ont été trop nombreuses et que l'esprit a intégré le rejet de ses désirs. Quand le rêve se passe, le shoot est rapide et puissant, il dure au final quelques secondes pour ensuite se matérialiser. Mais cette matérialité garde tout l'historique des projections passées et des désirs refoulés. Je crois que de telles réalisations sont vouées à l'échec. Vouloir prolonger le rêve, au final, c'est nié les paramètres de notre condition. C'est créer un paradigme dont on est le seul à connaître les règles. Seulement, les rêves se réalisent au moins à deux. Et comment rêver avec quelqu'un qui ne connait pas les règles ?

Du corps que l'on sculpte - Je ne me suis jamais autant écarté de la tranquillité que depuis que mon corps tend vers ces images que j'idéalise. Il dessine des traits qui plaisent à cet idéal, même s'ils sont toujours trop grossiers. Malheureusement, je crois que ce corps plaît de plus en plus, et il doit supporter davantage les regards qui se posent sur lui. Comment trouver de la cohérence entre leurs regards et le mien ? Plus les traits s'affinent, plus j'ai cette impression d'agir pour le regard des autres, alors que l'avis des autres ne nourrit pas une once de réponse en moi. Mais cette condition aime se nourrir de son propre paradoxe et ce manichéisme de l'estime a tendance à grandir de jour en jour. Comment agir pour soi quand la seule finalité que l'on se donne, c'est de se découvrir à travers les autres ?

Des châteaux de sable - Pourquoi tant de personnes aiment se battre contre le temps alors qu'elles connaissent irrémédiablement l'issue ? Le château de sable qui se construit, aussi fort soit-il, tombera sous les vagues puisque l'enjeu est justement de le construire sur une surface qui se fera engloutir dans sa totalité. Malgré la finalité certaine, c'est-à-dire la réduction d'un tas de sable modelé à son état premier, le jeu est plaisant, il suscite de l'enthousiasme et un défi certain. Le plaisir tiré est sûrement celui de résister le plus longtemps possible. On se sent grandi dans l'adversité. Combattre même lorsque le combat est perdu d'avance plaît dans ce cas précis. Pourquoi ? Existe-t-il de nombreuses situations où l'être humain prend plaisir à se battre pour une cause perdue ? Est-ce que je l'aurais abordée si j'avais su que j'aurais, un jour, eu à lui dire adieu ? Je pense que oui. Parce que le plaisir d'avoir partagé une partie de ma vie à la sienne n'avait pas uniquement pour cause l'espoir de continuer dans ses bras. Il y a eu là, quelque chose qui touchait à l'instant présent et à un souvenir éternisé. Peut-être que comprendre cela donne des clés pour apprécier la suite. On se plaît dans les instants pour ce qu'ils ont d'éphémère et non pas dans le souhait qu'ils perdurent infiniment. Rien n'est immuable. Même pas le bonheur de croire qu'une chose nous plaira éternellement. Le bonheur se trouve dans un cheminement, dans la compréhension de la non-finalité de tous ces moments, dans le mariage de toutes ces fins irrémédiables. Est-ce un paradoxe ? En tout cas, cette impression donne le vertige. Mais l'existence est si pauvre pour celui qui ne prend jamais de hauteur.

Dans les mines de l'inconscient - Comment unifier toutes ces vies ? Ont-elles toutes la même valeur ? Est-ce que la réponse se trouve dans la hiérarchie que chacun se crée ? Mais le conflit est inévitable quand il s'agit de protéger les siens. Je me sens plus apaisé depuis que le conflit fait partie de mon quotidien et surtout depuis que je suis à la recherche de celui-ci. Certainement pour me prouver une virilité superficielle, mais parfois les motivations touchent à des éléments plus profonds. Toujours un peu plus à la recherche d'une condition humaine archaïque et vitale. Je pense que l'être humain s'égare en cherchant à tout prix à éviter les joutes verbales et les coups. Ce besoin du conflit répond pour moi, je pense, à un besoin d'harmonie exacerbé. Parce que l'esquive est cousine du non-dit. Les non-dits sont des mines sur lesquelles la conscience marche et l'augmentation de leur densité ne présage jamais rien de bon. Certains esprits ont le privilège d'avoir une surface d'enterrement incroyablement grande. Certains misent sur la chance pour ne pas fouler le pied sur un démon enfoui. Je crois que mon père a saturé sa surface malgré lui. Ou plutôt, la vie a saturé sa surface. Je le comprends bien trop tard, après sa mort, mais même si cette prise de conscience s'était déclarée des années plus tôt, je ne pense pas que cela aurait permis de changer quoi que ce soit. Tellement de choses nous dépassent, et j'ai eu la prétention de pouvoir regarder toutes ces choses de haut. Je me crois prudent, d'effectuer ce travail de déminage au quotidien, en espérant ne pas enterrer plus de mines que je n'en déterre.

Du labeur - Comment l'être humain peut-il se contenter des choses qu'il n'aime pas ? Lorsque l'on traverse le quotidien avec déplaisir et ennui, on risque de se perdre très rapidement. Et surtout, on perd les autres. Les proches restent par compassion, par amour inconditionnel. Les autres s'éloignent sans regrets, sans remords. Il en faut de l'abnégation pour effectuer un travail que notre *moi* profond refoule. Mais faire ce travail, c'est supporter toutes les contraintes. C'est prendre conscience de sa condition pour mieux la sublimer. On ne prend aucun plaisir sous la contrainte, mais on peut trouver du sens face à celle-ci. Et trouver du sens, vaut bien tous les plaisirs.

16 juillet

De la plèbe et ses valeurs - Le spectacle que la foule apprécie ne fait pas tellement vibrer d'émotions en moi. Peut-être parce que j'aime me sentir soulevé par les choses qui ne touchent pas les autres. Comment se sentir unique quand le sentiment de volupté s'attache à la communion ? Je pense que sous cet aspect, on tend vers un plaisir serein, un plaisir fait pour notre condition sociale d'être humain. Mais qu'en est-il des humeurs du solitaire ? Celles qui touchent à la mélancolie, la plénitude et le manque. Y a-t-il une hiérarchie dans nos idiosyncrasies, où certains caractères et certaines émotions surplombent la valeur des autres ? L'espoir d'un bonheur éternel est vain, celui d'une mémoire éternelle également, mais la possible durée de cette mémoire donne les clés pour exploiter les sentiments qui touchent au bonheur. La vie a de la valeur non pas pour ce qu'elle peut nous apporter, mais en tant que telle. Je vis car je vis, je souffre car je souffre et vouloir donner un sens spirituel à notre cheminement nous éloigne je crois de notre propre vérité.

De la résilience - Une infinité de futurs se présente à chaque instant, tous privés de mon père. Et pourtant, je me sens capable de les affronter, voire même d'en épouser certains. La croyance d'un au-delà, de son âme préservée n'a jamais été pour moi. Seul reste son héritage, la mémoire et un amour qui transcende mes démons. En tout cas pour l'instant. Depuis sa mort, une sérénité face à la suite s'est développée. Non pas parce que mon avenir annonce de meilleurs jours, mais justement parce que même un continuum de douleurs grandissantes est une issue plus acceptable désormais. J'ai vécu sept mois à ses côtés, la dépression en son sein et à mes portes. J'ai traversé des enfers, tous incomparables aux siens, et pourtant si douloureux au point d'en être paralysé. Mais j'aurais continué des années encore, une vie entière s'il avait fallu. Je l'aurais fait parce qu'il fallait le faire. Une condition aussi primaire que fondamentale pour moi. J'aurais porté encore un peu de son poids autant que j'aurais pu, et même au-delà encore. Dans l'infini des tourments, l'esprit, j'en suis sûr, peut connaître une résilience dont l'intensité égale celle de la force des oscillations qu'il subit. Pas toujours, pas pour cette fois, mais c'est possible, j'en suis sûr. Une vie d'angoisses pour honorer l'amour qui nous définit, un amour qui répond à toutes les questions existentielles que j'ai pu me poser. Désormais, de nouvelles questions naissent, dans une vie enlacée par son absence vertigineuse, je sais que la finalité d'un bonheur n'est plus. Mais peut-être que l'on peut toucher à des fondements plus profonds et à des sommets plus hauts encore.

Des pulsions sans cœur - Comment pensent-ils pouvoir donner aux autres si de leurs tourments ils ne tirent que des couteaux ? Les gens s'écartent d'une vie de tendresse par le simple fait qu'ils en veulent trop. L'hypocrisie est au premier plan, prétendre vouloir détacher leur intérêt face à la bassesse de leurs actions. Rien ne transmet plus de charme qu'une honnêteté pudique, la confession d'une pulsion inassumée qui est porteuse de la misère sentimentale qui se diffuse. Les échanges sont vides de sens, la finalité déjà calculée par celles et ceux qui aiment en jouer. Tu ne seras que le fruit d'un divertissement spontané, une victime de ton propre libre arbitre. Le pantin tire les fils pour alléger la charge de celui qui les contrôle. Et quand l'expérience prend la prétention de celui qui n'en a pas, il ne reste que des échanges cupides, perlés de douleur et de condescendance. Le divertissement se berce d'enthousiasme, mais aucune issue bienheureuse ne peut caresser leurs espoirs. Chacun repartira seul, un sentiment de solitude exacerbé par l'échec de leurs interactions. Personne ne peut séduire dans le silence et pourtant, c'est la prétention à laquelle leur naïveté aspire. Le voile sur lequel leurs pulsions se déteignent, le marasme de leur condition les humilient et pourtant, ils s'accrochent. Ils se prosternent pour atténuer l'effet de cette issue douloureuse. Il aurait fallu ne rien faire, sonder ses démons pour comprendre qu'ils posent des questions dont les réponses ne se trouvent pas au détour d'un soir partagé entre amis. Mais l'inimitié se fait proche face à l'échec de cette prétendue rédemption. Ils laisseront le temps couvrir leur frustration, et l'incompréhension répondre de leurs désirs.

17 juillet

Des idéaux rachitiques - Mon amour pour elle ne serait-il qu'une projection d'une idéal non-consommé ? Face à des mois de non-vécu, les attentes ont trouvé de quoi se nourrir et mon esprit a cru naïvement que des chimères le rassasieraient. Il prend désormais conscience de l'ascèse à laquelle il a été confronté. Comment expliquer à celui qui pensait manger comme un roi, qu'il n'a finalement consommé que les restes ? Mon désir affamé s'est manifesté plusieurs semaines avant de lui dire adieu, avant que justement mon esprit et mon cœur puissent se regarder rachitiques, l'un étant le miroir de l'autre. Pourquoi devrais-je embrasser d'autres femmes ? Si ce n'est pour combler ce manque, si ce n'est en réaction à ce qu'elle n'a jamais pu me donner. L'amour platonique est facile lorsque les pulsions dorment. Je comprends désormais un peu mieux le travail des ascètes pour pratiquer la méditation. Je l'ai toujours trouvé trop belle pour moi, à croire que j'aimais me repaître de ce spectacle. Désormais, le spectacle n'est plus, il laisse derrière lui une multitude de prises de conscience, une inspiration romantique presque trop naïve et des souvenirs qui me nourriront encore beaucoup.

Des combats perdus d'avance - L'innocence des enfants et des animaux est l'un des spectacles qui nous réunis tous. Comment peut-on porter un jugement et en vouloir à un être qui souhaite vivre, qui souhaite faire grandir sa force vitale, libéré de tout calcul, de toute anticipation intéressée et élevé au-delà du sens moral ? Il y a, je pense, seulement les esprits incohérents qui portent un jugement sur ce que la nature, en dehors des humains, produit. La cruauté animale et non pas la cruauté envers les animaux est un concept anthropocentré. Ressentir de la compassion envers une proie face à son prédateur est le fruit d'une projection des caractéristiques humaines dans des êtres qui n'en ont pas. Et je suis le premier à souffrir de ce que je m'efforce de mettre en lumière. Mais je gagnerais grandement à accepter que la violence et la souffrance font partie de toute condition naturelle, au même titre que la douceur et le plaisir. La vie m'a arraché des bras de mon père. Devrais-je supplier contre une injustice ? Peut-être, mais je ne pense pas. La violence avec laquelle les évènements peuvent se provoquer témoigne simplement de l'immensité de notre petitesse face aux éléments qui nous dépassent. Donner la vie, qui est l'une des choses les plus fondamentale à notre condition, est empreinte d'une multitude de douleurs et de souffrances. Faut-il à tout prix éviter ces souffrances et ces douleurs ? Peut-être. Sont-elles légitimes ? Certainement. Ces deux composantes ont leur place dans ce chaos. Autant que le plaisir et la joie. D'ailleurs, malgré une première perception naïvement dichotomique, tous ces éléments sont intimement liés. Je pense sincèrement que celui qui a pour but d'éviter de souffrir à tout prix se perdra dans sa lutte. Comme leur château de sable, aussi haut soit-il, face aux vagues, comme leur visage, aussi transformé soit-il, face au temps. L'existence est un combat que l'on se doit de mener malgré une défaite indéniable. Et c'est justement tout l'enjeu, aussi injuste soit-il pour nous.

Des faux solitaires - À trop chercher le sentiment de solitude dans la foule, j'en deviens fébrile lorsque la densité de celle-ci n'est plus celle que j'espérais. La pauvreté du nombre de gens me ramène aux fondements de ma propre démarche. Voulais-je vraiment me noyer dans la diversité de tous ces regards ? Ou plutôt, est-ce que la multiplicité de leurs yeux me donne une probabilité plus grande de rencontrer des âmes avec lesquelles vibrer ? Je n'en sais rien. Je croyais être là pour la douceur d'un isolement ironique. Parfois, le spectacle se fait d'autant plus attirant avec peu d'acteurs. Mais lorsque tous les acteurs sont médiocres, c'est le mélange et la diversité de leurs inaptitudes qui me parcourt et qui entretient mon intérêt. Que c'est facile d'être juge lorsque que l'on se base uniquement sur des visages et des interactions supposées. C'est troublant de prendre conscience que ce plaisir solitaire est bercé d'une illusion naïve et que cet enthousiasme de disséquer leur histoire se voit transmuté dès que l'un d'entre eux daigne me la raconter. Leur soir est un trésor que j'ai l'impression de chérir bien plus qu'eux.

De l'échange - Qu'y a-t-il de si bon dans ce premier rendez-vous avec elle ? Est-ce l'instant présent qui les porte ? Ou la projection d'un futur qui s'allie à leurs désirs ? Le portable est un si merveilleux outil, il permet d'atrophier les échanges sans passer par les silences qui permettraient de sonder des ressentis plus profonds. Plus personne n'aime être gêné. En fait, personne n'a jamais aimé cela, mais ce mal a toujours été nécessaire. Désormais, il suffit d'accourir de nos doigts vers cette ironique aide pour se donner de la consistance. Mais s'il avait plongé quelques secondes ses yeux dans les siens, en suppliant de corrompre ce silence, il aurait peut-être eu quelques réponses pour la suite. Peut-être qu'elle n'est pas ce qu'il croyait, peut-être qu'il n'est pas pour elle ce qu'il pensait. Il ne pourra jamais le savoir. Il restera des années à penser qu'il est normal de s'ennuyer, même le premier soir, même lorsque la passion amoureuse le berce de ses tourments et le réchauffe de ses flammes. Il suffit de s'esquiver derrière des messages en attente, pour répondre à des personnes dont le premier soir ressemble étrangement au sien.

Ceux qui parlent trop - Ils découpent des désirs sous leurs verres. Pourquoi faire semblant d'être enivré par le froid qui les berce ?

De l'ego et du doute - Je dois me résoudre à ne plus pouvoir épouser des courbes qui s'adressent aux autres. La solitude prend le pas sur un sentiment de légèreté qui avait si bien commencé. Pourquoi ce soir le spectacle est si lourd ? Je prends peut-être conscience des motivations perfides qui me poussent à vouloir rester là. Seul dans un bar, le manque de foule pour argument, le visage érodé par les regards qui glissent. L'ego prétend pouvoir contenter toute une vie, mais celui-ci s'affaiblit avec le temps et nécessite un repos qu'il ne demande pas. L'ego est vecteur de souffrance et de sublimation, et j'aime pouvoir le contenter.

De l'illusion du désir - Touché par son étreinte je ne suis pas sûr qu'elle me parle à moi. Mais son regard traverse quelque chose que je convoitais depuis le début. Un peu de tendresse et d'amour dans une soirée qui s'apparente à un chaos grandissant. Elle m'a redonné un soupçon d'espoir pour justifier de ma présence parmi cette foule. Rien n'est légitime dans les actions que je pose, encore moins dans ce que j'écris ce soir, mais je redonne un peu de crédit aux événements qui modèlent cette soirée. Elle s'apparente à une illusion, toujours dans un idéal romantique, personne ne pourrait rivaliser avec elle. Pas même une autre chimère apparue au détour d'une table et dont je ne connais pas le nom.

Du non-choix - Une heure à sonder des pensées atrophiées par une inaction qui confine au désespoir. Écrire, c'est la seule chose qui reste aux gens qui n'ont plus foi en ce qu'ils sont capables de donner. Fantasmer une vie sous des proses, peindre de couleurs un présent livide, c'est la seule chose qui reste aux êtres en perte de sens. Le quotidien déchire de son enchaînement les projections toujours plus fébriles qu'un être solitaire aime diffuser.

De notre propre poids - Un sourire se détache d'une soirée qui ne dessine que des formes impersonnelles. Rien n'est écrit au hasard et pourtant, c'est l'insoutenable improbabilité qui sous-tend et justifie cette inspiration. Tout le monde paraît heureux de loin, noyé dans la multiplicité des interactions. Et pourtant, chaque histoire est lourde pour celui qui la porte. Impossible de le découvrir au détour d'un verre, ni même d'une nuit. Il faudra davantage d'abnégation et de tendresse pour découvrir que nos démons nous font défaut. Chacun sous le joug d'émotions que nos plus proches amitiés ne comprennent et ne conçoivent pas. On est seul dans l'adversité, trop vertigineuse pour être affrontée à plusieurs, on se détache des amis qui nous poussent.

18 juillet

Du fantasme des relations – Existe-t-il vraiment des personnes qui peuvent prétendre se contenter d'elles-mêmes ? Je marche dans cette foule, et la seule chose que je convoite, c'est une approbation, un regard qui pourrait attendrir mes attentes. Des attentes toujours incarnées par le désir, une volonté de fondre dans l'imaginaire de leur instant. La volupté est de courte durée, mais elle est bien plus grande lorsque tout est suggéré, quand chacun se laisse la possibilité d'épouser son propre scénario. La parole travestit les regards et matérialise froidement tous les fantasmes que l'on chérit. Mais aller au-delà du fantasme, c'est vivre vraiment, c'est troquer cette volupté volatile contre un plaisir perceptible et raisonné, qui est le fondement de nos interactions. Une vie fantasmée vaut une infinité de vies pragmatiques, mais elle ne peut être éprouvée et supportée que par celui qui se contente lui-même, c'est-à-dire, personne.

Des films que l'on se crée - L'ivresse a cette qualité si chérissable qu'elle permet de s'oublier soi-même. Le monde devient un film dont on est un spectateur extérieur. Et il est bon de ne pas tenter d'intervenir. Les acteurs de notre appréciation sont tous dotés d'un talent de jeu avec lequel le nôtre ne rivalise pas.

Se fondre dans une contemplation des évènements, laisser mûrir ses idées et laisser mourir ses désirs, voilà comment l'ivresse peut se vivre au mieux. Même un regard croisé peut perturber l'effusion de ce film de tous les instants. Je me sens comme le réalisateur le plus calculateur du monde et pourtant il est indispensable que je ne travestisse pas leurs interactions. Une émotion tournée vers moi, c'est une pensée de perdue et pire encore, c'est le risque de voir les prochains spectacles se dégrader. Épouser ce monde en le regardant à travers une armure insupportable et fragile, voilà comment on peut sublimer l'ivresse.

De la rencontre - J'aimerais lui dire que je n'ai rien à lui offrir, mais je reste là, pétrifié par sa spontanéité et ses attentes douloureusement cachées. Il vaut mieux ne rien révéler de tout cela, la séduction prend sa source dans les non-dits, les fausses déclarations. L'attirance se nourrit de la violence des pulsations d'un cœur qui ne semble pas battre pour nous. On pourrait survivre une soirée, mais après, j'aurais trop d'intégrité pour ne pas lui dire que ce qu'elle est, n'a jamais été pour moi. Même pas au début. J'ai juste su poser un voile sur mes désirs pour qu'une partie de celui-ci recouvre ses yeux. Pour le reste, j'ai laissé faire mon archaïque enthousiasme et laissé libre cours à la prétention de ses doigts. Ses lèvres mystifient ses attentes, tout comme ses mots et tout comme les espoirs qu'elle porte sur notre rencontre. Son cœur préfère souffrir plutôt que de ne rien connaître et je crois qu'il a raison. À quoi bon lui parler des questions qui me définissent. Au fond, elle rejettera les réponses, car elle apprécie seulement l'idée qu'elle s'est faite de moi. Et si cette illusion peut durer un soir de plus, rien ne sert de s'en priver. Le lendemain, il faudra juste qu'elle sache comment recoller les morceaux. Moi, je ne serai plus là, déjà occupé à recoller les miens.

Des miroirs - C'est la deuxième fois que je remarque cet homme, seul posé à cette table. Est-ce que sa démarche est la même que la mienne ? Est-ce qu'il est là pour rassurer son alcoolisme isolé ? Tire-t-il des leçons de sa démarche d'ermite dans la foule ? On peut sortir grandit d'une soirée en solitaire tout comme détruit si nos motivations profondes ne sont pas correctement sondées et remises en question. Même les miennes ne sont certainement pas louables, et je supporte peut-être cette solitude parce que mes vecteurs sont trop mal calculés. Je tends vers quelque chose de très incertain. Je me réveillerai peut-être au bout de 13 jours sous le poids de démons déterrés qu'il aurait mieux fallut laisser en terre. Je prends volontiers le risque, quitte à écourter la suite. Le mélange des musiques des deux bars donne des sonorités insupportables, comme si les silences des discussions n'étaient pas suffisamment comblés par les bruits du reste de la foule. Je rêve d'une léthargie ou plutôt d'un recueillement silencieux. Maintenant heureux de ne faire partie d'aucune communauté, ma solitude me permet de porter mon regard sur toutes ces unions et, d'une certaine manière, de me nourrir de chacune d'entre elles. Mais j'ai trop faim pour m'en contenter et le plaisir sera certainement de courte durée. Une fois que mon cynisme aura jeté son dévolu sur un groupe, que mon mépris se sera attaché à un autre et que ma compassion se sera éprise d'un dernier, il ne restera plus rien à en tirer. Mes soirées se prolongent sous les mêmes coups et je plonge toujours vers des fantômes qui ne disent rien.

De l'innocence vaniteuse - Pourquoi regarder toujours en arrière ? Son corps parle bien plus que ses mots. Ses doigts se perdent dans les tumultes de ses réseaux. Rien ne la comble maintenant, elle possède une multitude d'attentes inassouvies que j'ai du mal à appréhender. Les signes que l'on croit percevoir sont souvent ceux que l'on aime projeter, alors le risque de se leurrer est bien trop grand. Il vaut mieux ne rien faire, et surtout ne pas répondre à ses provocations. Elle use de pantins pour détourner les désirs qu'elle-même s'acharne à provoquer. Peindre des illusions pour détruire ses toiles par le couteau, voilà ce qu'elle aime faire et encore mieux, voilà ce qui la porte dans ses soirées. Qu'en est-il de celui qui ne rentre pas dans son jeu ? Il n'en existe certainement pas. Et je crois que je souhaite exister pour cela. On parle trop peu de la violence de ces rapports. Certaines ont le pouvoir, certains ont les potions et ceux qui restent, boivent et se soumettent à leurs fantaisies égoïstes. Quel plaisir cela procure d'être le spectateur du théâtre du monde, de rester là, quand tous ces êtres vous supplient de faire partie de leur marasme. Il leur faudrait une infinité d'acteurs pour se rassurer. Mais si j'aime le cinéma au-delà de la musique, je hais ce film et je ne donnerai pas un soupçon de mon temps pour les crédits de leur production.

De l'innocence naïve - Il pense être aimé et chéri. Il l'aime elle, malgré son propre manque d'acuité. S'il se voyait, il se verrait seulement comme étant le support du désir qu'elle porte. Mais même s'il découvrait cette évidence, il ne changerait rien. Changer, c'est prendre le risque de l'écarter de ses bras. Des bras dont la fonction est de donner l'illusion d'une exclusivité partagée. Il sait pourtant qu'il n'est pas légitime à être désiré maintenant. Mais le plaisir du ressenti prend le pas sur tout pragmatisme, le plus logique soit-il.

Des verres à moitié vide - Je cherche quelque adversité pour éprouver mon ego et mes prétendues dispositions à l'affrontement. Ce soir, la violence d'un coup n'implique aucune peur, au contraire, cette brutalité convoitée serait appréciée comme une réponse à une impatience qui s'est emparée de moi. Leur prouver que je vaux mieux que l'indifférence dans laquelle ils me laissent me porte et me pousse à les haïr pour ce qu'ils m'évoquent. Rien de leur enthousiasme ne laisse échapper une quelconque légèreté. Ils sont là, épris d'une allégresse qui respire l'incompréhension et la fausseté. Pourquoi se noyer dans des soirées lorsque l'on ne sait nager que de jour ? Ils pourraient simplement s'avouer que la raison de leur existence est aussi vide que le verre qu'il leur reste. Leurs regards se détournent et ne supportent aucune concurrence. Ils sont faibles ces êtres qui voudraient vivre juste pour un soir. Laisser le temps embrasser les futures rides de leurs joues, c'est le cheminement qu'ils souhaitent épouser. Je les laisserai ce soir pour mieux les retrouver demain. Au même stade de leur existence, le regard vitreux et inerte, avec comme seul réconfort, leur ivresse de la veille.

Des fins de soirées - Elle est trop ivre pour finir dans ses bras. Sa timidité s'accorde à son aura comme un atout, mais cet atout ne lui sert à rien désormais. Il vaut mieux se cacher derrière un prétendu recul sur cette situation perdue. Celui qui tend le bras prend tout et ne laisse finalement que des souvenirs frustrés.

19 juillet

Des lendemains - Son cœur se dégrade, elle n'a rien pour palier son ego grandissant. Mais il en faudra des ressources pour ne plus se retourner quand le temps aura raviné de son sable, ses joues lisses qu'elle se plaît à admirer. Le miroir ne procure aucun plaisir en comparaison au reflet du regard des autres. Au-delà d'une image, ce reflet projette des désirs, des fantasmes et des attentes. Et elle se plaît à consulter cette liste, tout y est pour entretenir son feu égoïste. Je regrette qu'elle ait été là hier soir, j'aurais préféré ne pas la voir, son absence aurait laissé dans les abîmes de ma conscience, quelques vérités douloureuses.

De l'inertie - C'était si léger de te retrouver. Mes démons n'avaient pas encore repris la place qu'ils occupaient anciennement, encore endormis par des mois d'absence. C'est une des premières fois où j'ai pu prendre conscience de cette inertie. Peut-être que je l'exploiterai à l'avenir, en séparant chacune de nos rencontres par de longues années. Le temps fait bien les choses, il dissipe l'amertume des attentes inassouvies, il apaise les pulsations d'un cœur qui souhaite sortir de sa poitrine à chaque regard posé sur toi. Ce temps donne du crédit à ma rancune et anesthésie le sentiment amoureux. Est-ce que je peux faire mieux que cela ? Sonder notre histoire dans tous ses instants, trouver les signes, les paroles qui prédisaient déjà cette asymétrie. Cela me paraît être un problème insoluble, de savoir que ma passion s'est nourrie du manque de la tienne et qu'elle a grandi au même rythme que ton étreinte diminuait. On s'est énormément donné au début, on a cru pouvoir pallier des années de vie sans se connaître. Comme si le temps se perdait, on a parié pour faire grandir nos gains, en consommant tout ce qui pouvait nous rester. C'est troublant d'observer cette passion passée, alors que mes lèvres ont si peu de fois touchées les tiennes. Nos corps ne se sont parlé qu'à de brefs instants et en plus sous l'ivresse, pour cacher nos peurs sous-jacentes. Car le risque de ne pas se convenir était trop grand et bien trop douloureux à accepter. Alors on a fait semblant pendant quelques mois, enfin surtout moi. J'ai vécu une passion avec toi comme rarement j'en ai eu, et je remercie notre rencontre pour la douleur que je porte désormais.

Des voyageurs casaniers - Le matin se détourne du sentiment d'aigreur de la veille. L'alcool encore dans les veines dissipe ses derniers démons. Il ne restera bientôt que le souvenir d'une soirée avortée et un nouveau jour pour la contempler. Et si ce soir je refaisais exactement la même chose ? Est-ce que j'aime vraiment me nourrir de cette solitude ? Est-ce qu'elle m'apprend vraiment quelque chose sur moi-même et sur ces êtres que je juge sans cesse ?

Je n'en sais rien, mais je souhaite aller jusqu'au bout, sonder mes plus profonds instincts, les déterrer pour découvrir tout le plomb qu'ils couvrent. À la prétention des alchimistes, peut-être que je pourrai en tirer un peu d'or. Je crois que peu de personnes effectuent ce travail, la plupart n'en ont pas l'utilité. Qu'est-ce qu'un être léger pourrait retirer d'une solitude extrême ? Être capable de se sentir seul et aimer cela, c'est le privilège des âmes lourdes, de ceux qui ont compris depuis bien longtemps qu'ils ne se contenteront jamais eux-mêmes. Je souris face à leurs projets d'aventure, évoqués un soir et oubliés le lendemain. Cette légèreté rivalise avec leur manque de volonté. Tout peut être fait, peu de choses peuvent être supportées, mais il faut être en recherche de vérité pour comprendre cela. Je ne suis pas un voyageur au sens où ils l'entendent, j'aime disséquer l'infinité des surfaces et respirer un vent différent chaque jour, mais dont le goût m'est toujours familier.

De la thérapie - Pourquoi ces rencontres me touchent alors que je ne trouve aucun soupçon de motivation pour entretenir la suite. Comme si le plaisir de l'échange ne fournissait pas assez d'énergie en comparaison à celle nécessaire pour donner une réponse. Tout laisser en suspens jusqu'à se retrouver seul, est-ce que je tends vers cela ? Parce que les autres n'attendent pas et ils ont raison. Peut-être que leur sentiment de solitude est supérieur au mien, alors ils s'acharnent à trouver le moindre palliatif. Mon palliatif, c'est l'écriture et j'aime me contenter de ce soin. Il est assez ironique d'aimer s'écrire à soi-même pour combler le manque d'échanges, alors qu'il suffirait simplement de détourner le destinataire. Est-ce que j'échange vraiment avec moi-même ? Est-ce que j'anticipe vraiment les réponses aux questions que je me pose ? Je ne crois pas être capable de les anticiper, en tout cas pas toujours. Je crois que c'est le principe même d'une thérapie, discuter avec soi-même en tentant de découvrir ses propres réponses insoupçonnées. La vérité n'est pas universelle, elle dépend de chaque individualité, de la multiplicité des idiosyncrasies. Et qui peut être meilleur interlocuteur que celui qui fait naître les questions au même rythme que les réponses ?

De la finalité - Je prends encore trop peu le risque de parler de l'absence de mon père dans mes écrits. J'ai peur de ce que je pourrais découvrir. Le quotidien s'est désormais revêtu d'une armure supplémentaire dont je ne connais pas la cohérence et la fragilité. Toutes mes convictions ont volé en éclats depuis qu'il n'est plus. C'est si troublant et culpabilisant de réussir à nager dans cette mer d'incertitudes. Je n'ai jamais cru en rien, encore moins maintenant, la vie n'a du sens que pour ce qu'elle est. Une vie de géhenne n'a pas plus ou moins de sens et de valeur qu'une vie d'exultation quotidienne. Peu de choses peuvent se définir par elles-mêmes, mais je crois que c'est le cas pour notre singulière existence.

Penser que j'existe pour quelque chose, qu'une mission peut m'être accordée apaise les tourments quotidiens et permet certainement de continuer un peu, mais ne donne aucune réponse face à l'insupportable et unique finalité : la mort.

De l'ego romantique - Je la reverrai peut-être ce soir. Qu'est-ce que j'espère ? Lui prouver une fois de plus que sa présence n'engendrera aucune rencontre, que rien n'aboutira à ce qu'elle espère. Finalement, c'est surtout moi qui espère beaucoup et je me plais à aiguiser mes désirs pour mieux les frustrer. Mon hypocrisie prend des formes légères une fois qu'elle est conscientisée. Une fois celle-ci remontée à la surface, je peux plonger dans mes plus bas instincts pour rencontrer toutes ces pulsions qui aboient et qui souhaitent sortir d'une cage dont la surface augmente au même rythme que la hauteur de ses barreaux. Plutôt qu'une rencontre vouée à un ennui très probable, je préfère apprécier ce défi qui n'engendre aucune suite. Quitte à vivre moins, mais beaucoup mieux.

Des faux piliers - Ne me laisse pas seul avec lui, il déteindrait trop sur mes motivations inavouées. Le miroir qu'il incarne est constitué d'irrégularités bienvenues tant que tu restes avec lui. Ton départ risquerait de le lisser et je ne souhaite surtout pas me voir. Les tourments de cet homme sont peut-être partagés aux miens. Mais j'ai peur pour lui, il doit déjà se supporter depuis trop longtemps.

Tu es partie désormais. Mais il ne détourne pas le regard, au contraire, il se force à ne pas croiser le mien. Je ne suis certainement pas à son goût. Mais si le goût pour autrui est le seul vecteur dans ses soirées, j'en conclus que sa solitude est supérieure à la mienne. Heureusement, il a traversé plus d'années que moi, écumé bien plus de verres et a laissé son corps grandir de ses vices. Si vous saviez comme je souhaite ne jamais lui ressembler. Et pourtant, j'emprunte des chemins où il s'est constitué comme éclaireur.

Des concessions - Je tombe amoureux d'images, uniquement de projections. L'ampoule éclaire sans cesse les mêmes courbes et ne laisse que des ombres à saisir dans cette morne réalité. J'ai si peur de ce problème insoluble. Je ne construis que des idéaux, je m'attache à qui me repousse et me détache de qui veut de moi. Pire encore, mes amours ne sont que le support de désirs que je ne contrôle pas et que je ne saisis pas. Je dois me préparer à vivre seul, à épouser cette éventualité. Mais si l'amour d'une femme est une aventure sur laquelle je pourrais faire une croix, comment supporter de ne jamais donner la vie ?

Des soirées sous conventions - Elle ne sait pas fumer. Elle porte toujours ses lèvres craintives vers ce poison qu'elle redoute. Il faut épouser le poison pour s'enivrer totalement dans son suc. Ses manières trahissent ses conventions sociales. Le regard des autres lui pèse tellement qu'elle se donne à des jeux dont elle ne connait pas les principes. Et pourquoi les apprendre, la vie a toujours tenté de la bercer en l'éloignant du sentiment d'insécurité. Uniquement les hommes lui semblent dangereux. Et comment lui opposer le contraire ? Ceux qu'elle a rencontrés lui ont seulement prouvé que tout se détruit lorsque deux êtres tentent de se réaliser ensemble. Il est donc préférable de prolonger cette soirée entre amies, en écartant toute possibilité de laisser ressurgir ses démons. Si elle savait que l'on peut sombrer un soir, pour mieux renaître le lendemain, elle s'abandonnerait certainement davantage. Mais personne ne lui a dit, personne n'oserait. Ce serait risqué de perdre une assistance précieuse pour affronter ce chaos.

Des deux solitudes - La solitude est bien plus supportable lorsqu'elle est choisie. C'est une évidence, mais qui s'est déjà laissé aller à observer les deux visages du solitaire ? Le premier visage rayonne, le deuxième qui consiste à subir son isolement réfracte toutes les sources qui l'éclairent. La plupart des gens sont seuls et malgré le fait que ce sentiment soit profondément étouffé, ils le diffusent à chacune de leurs expirations. Celui qui a choisi la solitude l'a annoncé à haute voix, dès ses premières foulées. Il laisse dans l'incompréhension tous ceux qui n'existent qu'à travers les autres. Comment peut-il se supporter lui-même, se disent-ils ? Ils ne savent pas qu'il ne se supporte pas non plus, mais qu'il a cette richesse, cette chance de pouvoir phagocyter par ses yeux, le spectacle qui s'offre à lui. Il se nourrit de cela, rien de plus. Ainsi, il réussit à traverser un soir de plus, seul, en compagnie d'une foule qu'il méprise.

De l'égoïsme - Personne ne souhaite me sauver ce soir et ils ont raison. Ils ont déjà bien trop à gérer dans leur succession d'attentes frustrées. Laissons-nous les uns les autres, il vaut mieux ne rien faire que de risquer de se perdre. L'inaction à cette qualité qui laisse le statu quo dans son malaise. Et il vaut mieux ne rien changer, trop de personnes souffriraient d'un éveil prématuré.

De la prostitution - Pourquoi la prostitution a toujours été ? La supercherie est trop évidente pour qu'un être rationnel s'y attache et pourtant tant d'hommes ont déjà sombré dans les attraits de ses rapports. Certainement parce que justement, aucune rationalité ne rivalise avec les pulsions qui s'accordent à ce domaine. Le jeu est toujours bien mené, laisser croire que les rapports sont symétriques malgré cet échange inégal : un peu d'argent contre beaucoup de dignité. Prétendre que la prostitution est un métier comme tous les autres est, je pense, d'une hypocrisie malveillante. Le corps n'est pas un bien qui s'achète, l'exclusivité même d'un soir n'est pas un sentiment sur lequel il est légitime de jouer. Ces personnes qui s'arrogent ce droit sans le sonder, réprouvent, je crois, les besoins fondamentaux de l'être humain et laissent derrière elles des histoires balafrées. Voici, je pense, le point principal et le plus critique : ce qui fait que la prostitution prospère, c'est qu'elle donne un sentiment d'exclusivité inédit. Dans sa grossière imposture, ce sentiment est le substrat de cette pratique et est à l'origine de ses conditions pérennes. L'illusion du plaisir partagé n'a finalement pas tellement besoin d'une magicienne, car cette illusion est essentielle pour supporter la bassesse des pulsions du misérable épris. Et ce voile est créé uniquement en cette fin-là. Même une simple discussion est dépourvue d'innocence et rencontre les mêmes motivations. Mais il serait peu bénéfique de révéler ces lignes à ceux qui plongent. Déjà condamnés à épouser cette mystification, il vaut mieux les laisser croire à une supposée douceur. Leur quotidien est déjà si lourd, alors si leurs soirs peuvent imprimer un peu de fausse légèreté, il serait cruel de les priver d'encre.

Du monologue - Je discute avec moi-même bien plus qu'ils ne le font avec leurs proches. Est-ce de la pudeur ou de l'ennui ? Le premier est la source du deuxième. Parce qu'aucun cœur impudique ne se laisse impacter par aucune léthargie. Les instants sont bien trop précieux pour se laisser corrompre par des non-dits. Mais ils ne connaissent pas cette exaltation des instants, cette névrose de la transcendance.

Des corps saouls - Il est venu pour lui soutirer quelques échanges. Elle, n'est là que pour combler le vide dans lequel son cœur se trouve. Son corps non plus n'a pas épousé grand-chose. Mais ce soir n'aidera en rien, cette soirée viendra seulement prolonger leurs espoirs inégaux et asymétriques. Même si leurs doigts en venaient à échanger quelques caresses, demain tout sera comme la veille. Lui qui voudra renouveler cette nuit, elle qui attendra un amant qui n'a pas les couleurs de celui qui en ce moment l'enlace.

20 juillet

De la mémoire de l'eau - Est-ce un hasard si le bruit de la mer et de ses vagues s'apparente à celui d'un bruit blanc ? La mémoire de l'eau est une formule si belle qu'elle se doit d'être vraie au moins en poésie. La physique ne s'occupe pas de poésie, elle balaie d'un revers de main toute sensibilité qui ne s'accorde pas avec ses principes. Et elle a raison, elle est un pilier fondamental pour ceux qui aiment se priver de leurs émotions. Même Einstein n'a pas su accorder ses croyances avec la réalité non-déterministe qui s'est ouverte à lui. Il reste, pour ceux qui aiment l'incertitude, des théories mélodiques que la physique réprouve. L'eau possède cette mémoire des fréquences. Naïvement, elle a accumulé trop de paroles insensées et inutiles, en partageant sa place avec le reste du monde. Désormais, elle ne restitue que des messages informes. Bientôt, peut-être, on annexera la mer, alors le silence encore convoité de ses profondeurs et de son étendue se verra travesti, une fois de plus, par des bruits immondes. Voilà vers quoi l'humanité tend, parler toujours plus fréquemment, toujours plus fort jusqu'à ne plus supporter le son de sa propre voix.

Du travail et de la consistance - Demain le travail reprendra sa place. C'est un curieux sentiment de le rejeter lorsqu'on l'abandonne, mais de l'embrasser une fois qu'on l'a retrouvé. Est-ce que notre rapport au travail est le plus légitime des amours ? Beaucoup diront peut-être qu'ils sont esclaves de leur condition, qu'ils emprunteraient un tout autre chemin s'ils en avaient le choix. Mais n'ont-ils pas inversé les causes ? La perception de leur travail n'étant pas la cause de leur malheur, mais l'effet de celui-ci. L'être humain hait l'inconsistance face au regard des autres et il est plus difficile de se sentir rempli lorsque l'on est heureux. Ainsi, le malheur trouve d'innombrables hôtes, des clients dociles pour ce qu'il a vendre : un peu de consistance.

De l'angoisse - Je crois que l'angoisse est le vecteur de vie le plus puissant, car annonciatrice d'une mort imminente. Que la conscience de la mort se contente de quelques secondes de vie ou d'années entières, cela a peu d'importance. Mais comme tout outil efficace, son utilisation, bien souvent incontrôlée, peut provoquer les conséquences les plus tragiques. Au même titre qu'avec un couteau aiguisé, dont on loue son efficacité pour la découpe et la précision, une mauvaise manipulation pourrait provoquer des conséquences tragiques. On risque de se séparer d'une partie de soi, alors que l'objectif premier était de nourrir et de rassembler ses parties. Voilà comment je conçois l'angoisse, elle est le sentiment qui m'horrifie le plus, au travers duquel je marche très prudemment. Et pourtant, c'est grâce à elle que mes pas s'apparentent à ceux des géants.

Des gens malheureux - Les gens heureux n'ont pas d'histoire ? Alors les malheureux en ont beaucoup trop.

Des révolutions - Ils voudraient que leurs désirs soient le vecteur de tout changement. Leur volonté de fuir la souffrance est bien trop grande et ne laisse mûrir que des issues condamnées. Vois comme cette vie se délecte de leur frustration. Ils aimeraient connaître un monde bâti sur des fondements faits d'argile. La main révolutionnaire déjà occupée à accuser l'oppresseur plutôt qu'à frapper leur propre joue. Je pensais que tout idéal était un projet vertueux, mais celui qu'ils respirent dégage trop de soufre et d'amiante.

Des trois solitudes - Ce soir, je n'étais pas seul et pourtant, j'ai perdu ma chère amie. J'ai peut-être réussi à me créer une compagnie en ma propre personne et j'en deviens déjà nostalgique. Et si, immergé dans une foule, j'arrivais à mieux me retrouver moi-même, plutôt qu'à la surface des montagnes qui s'étendent ?

Des ruminations - Pourquoi convoiter le sommeil ? Il donne du repos même aux âmes les plus torturées. Et lorsque celui-ci ne se trouve plus, c'est que l'inconscient a tissé des nœuds tellement forts qu'il ne souhaite même plus et ne peut même plus les démêler au cours d'un rêve. Est-ce que l'insomnie qui arrive annonce que trop de souffrance a été accumulée ? Est-ce qu'elle arrive au moment où l'effort pour digérer ce chaos est trop monstrueux ? Les médicaments sont une solution bienheureuse, parfois. Même si la chimie connaît ses failles, elle peut aider à combler ce vide et remonter notre sonde qui s'est perdue dans ses profondeurs. Mais la tension de l'esprit quantifie déjà si l'on a trop tiré sur la corde. Notre esprit aurait dû nous prévenir un peu plus tôt que plus rien ne sert de se supporter.

Des horizons - Il me manque deux bras pour retrouver les siens. Ces derniers jours, ils n'ont enlacé que des corps sous vide, ils ne se sont tendus que pour des horizons sans vue. Ils ont fait le tour de beaucoup de cœurs, mais n'ont trouvé que des battements ternes. Mon amour pour elle déchire mes futures rencontres, il laisse croire à une douceur que je ne donne plus. Et si je me risquais à exprimer tout ce que ces rencontres évoquent pour moi, il ne resterait pour celles-ci que des souvenirs contrefaits.

Des pulsions séductrices — Demain, j'irai travestir d'autres cœurs. J'irai mêler mes pensées à des sources dociles. C'est si facile lorsque les attentes sont aussi intenses qu'une discussion en apnée. Il suffit d'être ce que je prétends, un homme d'une légèreté sans bornes, mais dont la sensibilité connait bien le goût du sel. Pour le reste, je laisserai faire leurs projections. On manipule qui l'on veut lorsque l'on est un écran pour l'autre.

Du dessin - J'ai passé 28 ans à dessiner des mirages. Les histoires ne survivent pas lorsque les traits sont trop précis, elles se nourrissent de contours. Perdu dans des mensonges auxquels j'ai toujours cru, me voici devant une nouvelle toile, avec comme seuls modèles, des histoires qui n'ont pas supporté la clarté de leurs traits.

21 juillet

De la vraie parole - Comment porter l'histoire de chacun ? On se sent unifié au monde lorsque nos échanges sont sourcés par nos ressentis, lorsque nos paroles dégagées du poids de la morale, se diffusent avec légèreté. Plus besoin de penser à être l'écoute, elle est totale lorsque l'on s'ouvre, même si l'on parle trop. Ces interactions si rares et si fondamentales sont les seules auxquelles on peut se raccrocher quand le quotidien nous inonde de discours sans saveur. La misanthropie aux portes de toutes mes soirées, je réussis quand même à trouver quelques verrous solides pour m'élever sur ces instants. Mais j'en connais qui taraudent même les murs et je crains que ces serruriers du quotidien soient de plus en plus nombreux.

Des jeux d'enfants - Pourquoi les enfants aiment tant l'irrégularité ? Emprunter un chemin lissé par les autres n'implique aucun enjeu. La vie est encore pour eux un divertissement, où la part donnée au jeu est essentielle, même quand ils marchent.

Du fantasme - Le fantasme ne se soucie d'aucune morale pour celui qui en est victime. Alors que le phantasme de l'autre est rempli d'interdits, qu'une éthique bienheureuse réprouve. Il est de la responsabilité de ce dernier, de ce deuxième être de pulsion, de poser le voile sur les projections du premier. Pour ne pas, en plus de perdre toute dignité humaine, détruire l'innocence et la crédulité dont tout être a besoin.

Des premières approches - Les battements de notre cœur abattent notre propre volonté avant même d'avoir prononcé un mot. Du haut de notre vertige, soutirer une attention à travers une première phrase et bien trop terrifiant. Et quelle phrase ? Celle qui dit la vérité ou celle qui flatte l'ego de celui-ci qui la reçoit ? Parce qu'on n'aborde jamais pour l'autre, on ne le connait pas. Mais toute la contradiction de cette approche consiste à faire croire en cet intérêt partagé. Les meilleurs laissent derrière eux des egos frustrés et heurtés, avec comme souvenir faussé pour la personne qui en souffre, celui d'avoir eu ce désir qu'on la flatte. Les maîtres ne laissent pas transparaître leur désespoir certain, et réussissent à verser chez l'autre, un peu de vide personnel.

Les ignorants de l'antiquité - Ceux qui n'ont pas de pensées cohérentes face à une question et qui ne l'assument pas, nous invitent à nous instruire avant de formuler leur réponse. Cet argument, prétendument tranchant se retourne en fait sur celui qui l'évoque. Face à l'incompréhension, se cacher derrière la réflexion des autres peut paraître efficace, mais personne ne se cache quand il saisit une pensée. Personne d'honnête n'invite à lire, à écouter ou à regarder quoi que ce soit d'autre que les arguments de celui envers qui la question est adressée. Du moins, pas avant d'avoir tenté de formuler une réponse, même si la réponse s'accorde au doute. Le sentiment d'intelligence, lorsque l'on se masque derrière des penseurs reconnus, est très volatile. Un être dans une réelle recherche de vérité ne brandit personne, n'affirme rien face à une question dont il ignore les réponses, et surtout, n'a pas la prétention d'en savoir plus que son interlocuteur. Être conscient que l'on n'en sait trop peu, c'est déjà beaucoup. Merci Socrate.

Des chercheurs d'amour - Les sites de rencontre promettent l'immédiateté. Mais ils ne sont mus d'aucune rapidité et sont même encore plus lents que nos précédentes mécaniques, celles des rencontres de l'instant. Tout est lent pour celui qui cherche.

Des pantins du soir - Donnez-leur ce qu'ils veulent, ils ne sauront pas quoi en faire. Celui qui convoite trop, oublie même les causes de ses désirs. Apprécier l'effet lui suffit. Perdu sous les stroboscopes, plus rien n'apparaît sous ses yeux, seulement une étendue d'objets trop légers pour porter sa soirée.

Du rejet - Ils se retournent tous, mais personne ne fait rien. C'est bien plus facile de faire des scénarios fantasmés, portés par un courage qu'ils n'auront jamais. Leur seule obsession c'est elle, et il est bien plus satisfaisant de parler de leurs prétendus plans, de remplir leurs verres de leurs projections plutôt que de risquer de découvrir le voile qu'ils se mettent. Personne ne fera rien, paralysé par la peur et le rejet.

Des êtres superficiels - Leur superficialité est nécessaire pour supporter tous ceux qui la rivalisent. Heureusement, ils en ont quand même conscience, sauvant un peu d'estime dans cette vacuité grandissante.

22 juillet

De la mélancolie - La mélancolie est présente aujourd'hui, ma plus précieuse amie. Une journée avec toi, encore une.

De ceux qu'on aime - Il a failli m'enlever un proche et qu'aurais-je fait ? Peut-être aurais-je aimé lui enlever quelque chose, un peu de légèreté, pour qu'il se supporte un peu moins.

Le visage de la solitude - Aujourd'hui, je réalise que je n'ai rien de grand. Je me tue à me convaincre que ma solitude est choisie et revendiquée. Si je fais des choix qui me confinent dans cet état, c'est certainement parce que je manque de courage pour en sortir. Hier, j'appréciais être le spectateur de leurs échanges, aujourd'hui toutes ces bouches ne laissent sortir que des cris. Qu'est-ce que j'aimerais ne plus rien entendre, ou du moins participer à la fête pour m'oublier un peu. Qu'est-ce qui a créé ce revirement ? Est-ce le temps durant lequel j'ai dû me supporter ? Ou est-ce que c'est l'apparition d'un évènement inconnu qui a relâché mes démons ? J'irai encore quelques soirs les voir, une dernière fois, ensuite, je retournerai à la maison, là où la solitude ne pèse pas.

De l'amour à un - Le célibat à cette qualité qui permet de montrer que l'on n'est pas adéquat. L'amour à un n'est pas un choix quand on est victime de critères chimériques. La dopamine des réseaux a aliéné beaucoup de cerveaux véritables. Aussi naïf que ce soit, le cœur n'a pas besoin d'être accepté, c'est l'ego qui parle sans cesse. Un ego qui veut de l'amour sous plastique, des relations à distance et des orgasmes solitaires. On aura bientôt besoin des autres seulement pour rassurer l'insupportable mépris que l'on se développe face à soi-même. Personne n'a besoin d'un modèle pour accepter son corps, encore moins d'une autre bouche pour cautionner des compliments. Regardez-moi s'il vous plaît, je suis transparent à vos yeux quand le filtre se déteint.

Du revirement - Pourquoi tout tend à se rejoindre ? Les regards convergent alors que je me suis résilié à ne plus en saisir aucun. Pourquoi ce soir j'ai confiance alors que je n'ai même plus besoin de ce sentiment ? Vous m'avez laissé et je me suis laissé pendant des jours dans une apathie des rapports et maintenant, je suis censé tout renverser ? Pas ce soir, laissez-moi un instant de plus, demain promis je prends part au spectacle. Mais je suis un si mauvais acteur, si vous saviez. J'ai bien plus à donner dans mes silences. Mes paroles sont morbides, encore plus que mes écrits. Sentez-vous seul avec moi, la danse est pénible et le réveil lourd, mais il y a quelque chose à en tirer. Quelque chose qui vous pousse à continuer. Mon palliatif à moi, c'est vous, et j'ai encore besoin d'un peu de votre ivresse avant de devoir me supporter moi-même.

Fécilie - Son visage reflète une sérénité et une assurance qui l'écartent de toutes les autres. Elle ne veut rien prouver, simplement être là et apprécier les désirs qui la meuvent. Chez toutes les autres, la cigarette fait défaut, mais elle, elle sait comment l'incarner. La fumée qu'elle dégage cache pour quelques secondes un sourire qui se tend sans cesse, comme si une pause était nécessaire face au spectacle de son bien-être immuable. Comment fait-elle pour être si légère quand tous les autres semblent la tirer de leurs poids ? On ne demande pas les réponses à ceux qui savent être sans artifices.

23 juillet

De la chute - Et si je cheminais sans cesse dans l'espoir de la rencontrer encore une fois ? Je vis à travers tout ce qu'elle aime faire, en nourrissant cette envie de retrouver tout ce que l'on a partagé. Elle m'a grandi à travers ses vices, et ils ont un charme encore plus intense depuis que je ne peux plus les contempler. Alors je les incarne moi-même, mais le plaisir d'être l'acteur ne rivalise pas avec la volupté ressentie par les spectacles passés. Est-ce que je souhaite revivre ces soirs-là ? Où elle me tirait de ses bras dans les abîmes de l'être humain. Des profondeurs qui l'ont toujours attirées, qu'elle commençait à redouter, alors que moi, je connaissais encore la légèreté, de ceux qui viennent juste de tomber. Désormais, je plonge moi-même, sans son aide, et je n'ai plus rien à quoi me raccrocher.

Des films - Pourquoi ses yeux sont si perçants ? Ma solitude incarne des fantasmes auxquels je ne pourrai jamais répondre. Parce que mon silence laisse place à toutes ses projections, celles qu'elle souhaiterait voir se réaliser. Mais le film se construit par ses réalisateurs absents. À l'instant, où j'aurai prononcé mes premiers mots, l'infini de son scénario, si séduisant, se verra réduit à ce que je suis vraiment, une matérialité parmi toutes les autres. Mon seul atout, c'est de ne jamais l'aborder. Son seul atout, c'est de me faire croire qu'elle le veut.

De la mélancolie du bonheur - On découpe notre histoire tous les jours. On la fragmente en des moments de joies, de doutes, de jouissance et de souffrance. Notre mémoire déforme les instants, elle restitue ce que l'on aime penser, que ce soit bénéfique ou non pour avancer. Les limites de notre conscience oublient la continuité, cette continuité qui nous fait transiter d'une émotion à une autre. Beaucoup de nos proches ne comprennent pas la mélancolie incarnée dans nos écrits face à l'enthousiasme que nous portons au quotidien. Et je le comprends. Mais à chaque instant, on traverse des vagues d'émotions qu'il est impossible de saisir intégralement. On n'en tire que des débris. Peut-être que ces fragments de mélancolie sont bien plus faciles à sculpter que le reste, pour les êtres sensibles. Mais je crois que nous ne vivons plus pour être heureux désormais, de cette vie, nous pouvons en tirer quelque chose de plus grand.

26 juillet

Du contentement - Le contentement d'une solitude exacerbée a trouvé un autre hôte. J'ai besoin désormais de partager ma soirée à la leur. Non pas à cause d'une envie de connaître qui ils sont, mais parce que de simples échanges permettraient de remplir un peu ce vide accumulé. Je savais dès le départ que me supporter moi-même allait être un exercice difficile, mais j'ai présumé de mes forces sur ma résilience face à la durée de cette situation.

Les autres - Parlez pour vous, parlez de vous. Le reste n'a aucune teneur pour celui qui sait être à l'écoute. Vous ne vous libérez d'aucun poids si vous diffusez des histoires qui ne sont pas les vôtres. Mais l'être humain aime diviser sa charge pour mieux la multiplier. Le quotidien est lourd pour celui qui prétend parler pour les autres.

Des regards à l'inaction - Des regards, souvent des regards mais jamais d'action.

Des astres ignorants - La vie se dérobe pour eux, ils incarnent les brouillons de leur propre tension. Rien ne sert de réfléchir trop, le quotidien pourrait prendre des proportions trop parfaites. Leur idéal se découvre au même rythme que le glissement de leurs yeux. Voyez comment ces astres se déchirent, ils sont si brillants même quand leur lumière n'est plus.

Des mêmes schémas - Pourquoi ne rien dire si les démons de ton désir te tournent autour ? Est-ce que tu attends que les miens viennent les phagocyter ? Générer des fantasmes est facile, la névrose des pulsions qui demande de les assouvir est insupportable, mais elle ne permet pas de briser ce silence, car la lâcheté et les conventions sociales ont des fondements bien plus solides que notre psychologie sensible. On restera là, à boire le fruit de notre frustration et à contenter des schémas qui se répètent.

Des supplications - N'y va pas. Je te jure, ce serait libérer ce que tu ne souhaites pas découvrir. Le vide de ton approche ne rassurera pas l'horreur de notre condition. Rien n'est beau dans ce que je représente pour toi. Et rien n'est légitime dans les paroles que je pourrais te dire. Laisse-nous sombrer dans autre chose, dans tout ce qui ne nous lie pas.

Du réalisme - Plus rien ne sert d'écrire trop, rien ne se réalise comme on l'a toujours pensé.

D'autres jours à penser

Des clubs et des yeux - Il découpe ses désirs pour un verre. Le jeu est toujours le même, une exclusivité éphémère contre un peu de ce qu'il a en trop. La solitude est le vecteur de sa méprise, la seule source rentable pour celles qui savent si bien jouer avec. Tout est perdu dans sa soirée, mais il donne encore plus, il la prolonge pour éloigner demain. Le soleil se lève et perce de sa chaleur les portes de son marasme. Il rentre pour s'abattre sur un lit qui ne connaît que son pouls. Les battements de ses conquêtes chimériques sont restés dans ce club, là où le son est saturé par l'ivresse, là où personne n'aime écouter, car les yeux prennent trop de place.

Des ombres et des dieux - Aucun visage ne saurait la faire oublier. Ils pensent tous que l'amour se développe par la force du temps, qu'il grandit de son expérience et de ses rides. Comme ils ont raison ces êtres raisonnables. Et pourtant rien ne vaut le consumérisme d'une passion née trop tôt, d'un idéal toujours trop grand. Les souvenirs se dispersent, de leur clarté naît des ombres et des ombres naissent des dieux.

Du cœur et du vide - Le cœur est sous emprise, constamment. Il se détache de ses chaînes pour se lester sous d'autres eaux. Sa condition le résume entièrement. Fait de sang et de pulsations, il respire grâce aux pulsions du malheureux qui le porte. Est-ce qu'un jour ce cœur qui plonge trop bas, aura suffisamment perdu conscience pour être léger à nouveau ? Afin de se mouvoir dans d'autres corps, pour s'attacher à d'autres berges et surtout pour s'enivrer de son propre vide.

Fidelio - Ils sont pleins de désirs ces passants prétendument stoïques. Juste un regard pourrait les détourner de toute une vie. J'ai des rêves à leur raconter, des non-dits à leur soumettre. Ils agissent par habitude, car ils ne connaissent pas ce qu'un détour peut leur offrir. Ils connaissent encore moins ce qu'un sourire calculé leur provoquerait. Ils se sentent si grands dans le froid de ses rues, rassurés de n'être que de passage, face au marasme qui reste. Mais le doute commence à les envahir. Et s'ils étaient comme ceux qu'ils négligent ? Des pères et des amants à mi-temps, le reste du temps des égoïstes sous pulsions. Désormais, ils entreraient volontiers dans ce chaos du risque, dans ce cauchemar du rire et dans cet amour sans baisers. Mais heureusement pour eux, ils ne savent pas porter de masques et en plus de cela, aux portes de leur enfer, ils ne connaissent pas le mot de passe.

La garçonnière - L'esprit en perdition, il convoite les schémas d'un Christ. Une soirée en boîte de nuit ? Une discussion avec une prostituée ? Rien n'est légitime, tout est pathétique, mais il continue. Ils sont cinq dans la boîte, lui seul avec des femmes qui ne parlent pas son langage. Quel langage ? Celui des personnes qui se perdent dans ce qu'elles convoitent. Et il se ferme. Car le rejet est trop fort. C'est tellement plus facile d'être celui qui prétend se suffire à lui-même. Et ce serait tellement plus sain d'avouer que rien ne lui suffit. Ni la douceur d'une femme, ni une discussion qui porte sur l'essence de ce qu'il est. Que des pulsions archaïques dans un corps qui n'en veut plus. Mais il est obligé de composer avec, de traverser cette vacuité qui l'occupe. Qui peut supporter cela ? Sûrement une personne qui ne prétend pas être au-dessus de ses désirs. Mais si faible est celui qui se définit comme tel. La soirée se détruit au même rythme que ce qui la construit. Demain ne sera que frustration et négation de soi. Je crois que personne ne devrait survivre à cela. Il faudrait mourir maintenant et laisser ce néant dans ce qu'il est. Réaliser ce que l'on souhaite, mépriser notre personne comme il se doit, pour pouvoir se retrouver enfin.

De la solitude profonde - Vingt minutes à sonder cet esprit qui se sent si seul dans cette soirée. Et je crois qu'il n'y a rien à en tirer. Il y a si peu de choses à dire face à tellement de ressentis. Il est venu seul et finalement, je crois que toutes les personnes présentes sont dans les mêmes attentes que lui : va-t-il se passer quelque chose ? Une rencontre, un soupçon d'amour-propre pour ce que chacun est. Ou plutôt ce que chacun représente. Ce soir, il est celui qui est seul, trop longtemps seul pour attirer la sympathie et la compassion. Au bout de quelques minutes ce qu'il incarnait s'est transformé en quelque chose d'inquiétant. Il n'a rien à faire là, ni seul, ni avec des gens. Pourquoi le sentiment de solitude est si fort ? Personne ne prend ce qui doit être pris. Tout le monde prend ce qu'il peut prendre. Une illusion de désir dans les mains de celui qui en a trop. Mais personne ne prend ce qui ne se dit pas : notre propre chaos et nos tourments.

De la psychologie du regard - Comment maintenir le regard ? Comment peut-elle le faire ? Elle n'est pas encore un produit pour lui, mais lui, est déjà un produit pour elle. Même avant son entrée, même avant d'incarner un être sensible, il était, peu importe ce qu'il dégageait, un crédit pour la suite. On prend les pulsions des autres pour des failles, des sillons qu'on ravine toujours plus profondément. Mais qu'en est-il de celui qui se laisse pénétrer ? Tout le traverse, mais il ne perd rien. Jusqu'à quand ?

Des étudiantes en psychologie - Elles se constituent en médecins du corps qui auscultent les tourments des yeux qui les convoitent. Juste regarder pour ne rien voir, juste respirer pour ne rien sentir. Une âme intelligente commencerait à voir rapidement que le spectacle se déprécie. Vendez donc du rêve à leurs vœux, supprimez l'innocence qu'il leur reste. Bientôt, leur monde grandira grâce au chaos qui le régit. Remplacez le plastique dans les cœurs qui battent trop, laissez les larmes se répandre dans des lits refroidis par les frustrations de la veille. Dans ces lieux, tous dessinent des mirages par leurs yeux, découvrent des chimères par leurs doigts et répandent des mensonges par leur bouche. Voici les valeurs qu'ils laisseront pour demain. Mais demain est bien trop loin pour s'en préoccuper. Laissez-leur encore un soir, pour sombrer dans des bras qui souffrent de leur propre poids.